ATLAS DE

LUGARES ABANDONADOS

EDITORIAL JONGLEZ

Resumen

Central Twelve Monkeys ·
Baltimore, Estados Unidos

Baltimore, Maryland. Westport.

Arrasado. Demolido a ras de suelo. Desierto. Como si un virus se hubiera propagado, contaminando las inmensas instalaciones de la central hasta hacerlas desaparecer.

No queda nada de este gigante de acero y hormigón. Tampoco queda nada de la red ferroviaria que lo atravesaba, alimentando de carbón los silos. Al parecer, había turbinas, más grandes que los coches. Alternadores, y atronadoras turbinas de vapor. Cuando se inauguró en 1906, sus colosales proporciones la convirtieron en la mayor central eléctrica jamás construida. Todo ha desaparecido para siempre. Podríamos sospechar de la corrosión, pero no. El óxido no puede lograr una destrucción tan total y tan rápida. Casi quirúrgica.

Tenemos pruebas. Cuando Terry Gilliam utilizó este lugar abandonado como escenario para su famosa película (Doce monos) en 1995, las paredes seguían en pie. El mal, por tanto, habría actuado a posteriori. ¿Podría ser el factor humano el agente causante de su extinción? El hecho es que en 2008, ese monstruo de metal ya no existe. Algún día, se levantará un hotel o un parque de atracciones, seguramente en este mismo lugar, bordeando las aguas de la bahía de Baltimore. ¿Recordarán los paseantes que aquí hubo una central eléctrica, el orgullo de Baltimore Gas and Electricity? Probablemente no. A menos que podamos viajar en el tiempo y averiguar qué ocurrió realmente...

Edificios abandonados en La Habana · Cuba

En la capital cubana, como en otros lugares, la revolución de 1959 provocó numerosas expropiaciones, que a veces obligaron a exiliarse incluso a los ricos propietarios de ciertos edificios. Muchos de los edificios requisados de este modo siguieron utilizándose. Algunos palacios se convirtieron en edificios oficiales, con magníficos salones utilizados para numerosas reuniones del partido (véase pág. 14-15). Otros fueron simplemente abandonados y ahora están más o menos en ruinas (véase pág. 12, foto superior).

A menudo, los hoteles han corrido la misma suerte: mientras que algunos se están reformando con grandes gastos para ganarse el favor de los turistas, otros se han convertido en ruinas, como algunos edificios del Vedado (véase pág. 13, foto inferior). Transformados en edificios residenciales, la falta de mantenimiento, unida al clima húmedo, deterioró rápidamente los edificios, que a veces siguen habitados en los pisos inferiores a pesar de su avanzado estado de degradación.

El riesgo que corren los residentes dista mucho de ser mínimo: en los últimos diez años se han producido trágicos accidentes, a veces con resultado de muerte cuando los edificios se derrumban.

La renovación sigue siendo una de las principales preocupaciones de la ciudad, pero tanto el embargo como la corrupción siguen siendo obstáculos importantes: por ejemplo, la rehabilitación del barrio antiguo, financiada por la UNESCO, vio cómo se reducían parte de sus fondos tras la marcha de sus representantes.

Depósitos subterráneos en Londres · Reino Unido

Londres es conocida por poseer una de las mayores redes subterráneas del Reino Unido: hay túneles subterráneos y de servicio, cables e infraestructuras, búnkeres y sótanos, así como zonas más secretas pertenecientes al Gobierno y a los servicios de inteligencia. Esta ciudad oculta atrae a curiosos y aventureros, que, una vez se ha puesto el sol, se deslizan silenciosamente por pozos y túneles repletos de escaleras, y encienden sus antorchas antes de desaparecer en la oscuridad.

Hay algo visceral, excitante y secreto en la exploración de las profundidades de la existencia humana cotidiana, mientras los de arriba siguen ajenos al mundo que se oculta bajo sus pies.

Tiene sentido que exista un mundo así en las porosas y lluviosas colinas calizas del sur de Gales, pero descubrir una red igual de vasta de lugares ocultos y variados bajo un centro urbano como Londres es una experiencia única.

Las cisternas, diseñadas para recoger y almacenar agua, tienen un revestimiento estanco. Suelen colocarse bajo un tejado o bajo tierra para evitar que la luz solar favorezca el crecimiento de algas.

La estación de bombeo de Crossness · Londres, Reino Unido

Uno no suele tener la ocasión de visitar una depuradora de aguas residuales pero la estación de bombeo de Crossness –inaugurada en 1856 por el príncipe de Gales, el futuro Eduardo VII– le ofrece esta posibilidad. Esta estación de bombeo obsoleta está en medio del complejo de la depuradora de aguas residuales de Crossness, que sigue en activo. Si pierde el minibús, ¡use su olfato para encontrar el camino!

La estación de bombeo de Crossness formaba parte de la nueva red de alcantarillado que el famoso ingeniero Joseph Bazalgette creó para Londres. Desde mediados del siglo XIX, la explosión demográfica de la capital transformó el Támesis en un vertedero al aire libre. El agua contaminada provocó una epidemia de cólera que causó más de 30 000 muertos entre los habitantes de Londres. Se pusieron en marcha varios proyectos tras el Gran Hedor de 1858, año en que un verano especialmente caluroso y la obstrucción de Támesis dejaron inutilizable la Cámara de los Comunes. Bazalgette construyó unos 1700 kilómetros de cloacas pequeñas, con las paredes cubiertas de ladrillo, que desviaban las aguas residuales no tratadas más allá de la desembocadura del río. Crossness era la estación que regulaba la mitad sur del alcantarillado (hay un estación similar con la misma función en Beckton, al norte de Londres). Las aguas residuales llegaban a la estación y eran bombeadas a un depósito de cinco metros de profundidad, que podía contener 123 millones de litros de aguas residuales. Se abrían las compuertas del depósito dos veces al día, y se tiraba el contenido del depósito cuando la marea del Támesis era alta. Al final, solo los desechos líquidos se eliminaban de este modo. Los *sludge boats*, o «barcos de aguas residuales», como se los llamaba normalmente, vertieron, hasta 1998, los desechos sólidos no tratados más allá de la desembocadura del río.

La estación de bombeo de Crossness es un lugar fuera de lo común. La sala de máquinas, con cuatro motores a vapor, tiene unos de los elementos de forja más espectaculares de la capital. En el centro el edificio está el Octógono, una estructura exuberante, compuesta de columnas y de paneles de acero de colores vivos, que rodea el motor. Es representativo del gusto de los victorianos por las decoraciones góticas en los lugares más insospechados.

Habiendo quedado obsoleto, el edificio fue dejado al abandono en los años 1950. En 1987 se iniciaron las obras de reforma, en su mayoría realizadas por voluntarios no remunerados. Las dimensiones de la construcción mecánica son desconcertantes: sus cuatro motores (que llevan cada uno curiosamente el nombre de un miembro de la familia real) son los motores rotativos a vapor más grandes del mundo.

Dotados con volantes de inercia de 52 toneladas y palancas de 47 toneladas, podían bombear el equivalente a 20 cisternas de aguas residuales por minuto en el depósito. Solo uno de ellos, el «Príncipe Consorte», ha sido restaurado, pero el Crossness Engines Trust prevé devolver el esplendor de antaño al motor «Victoria».

23

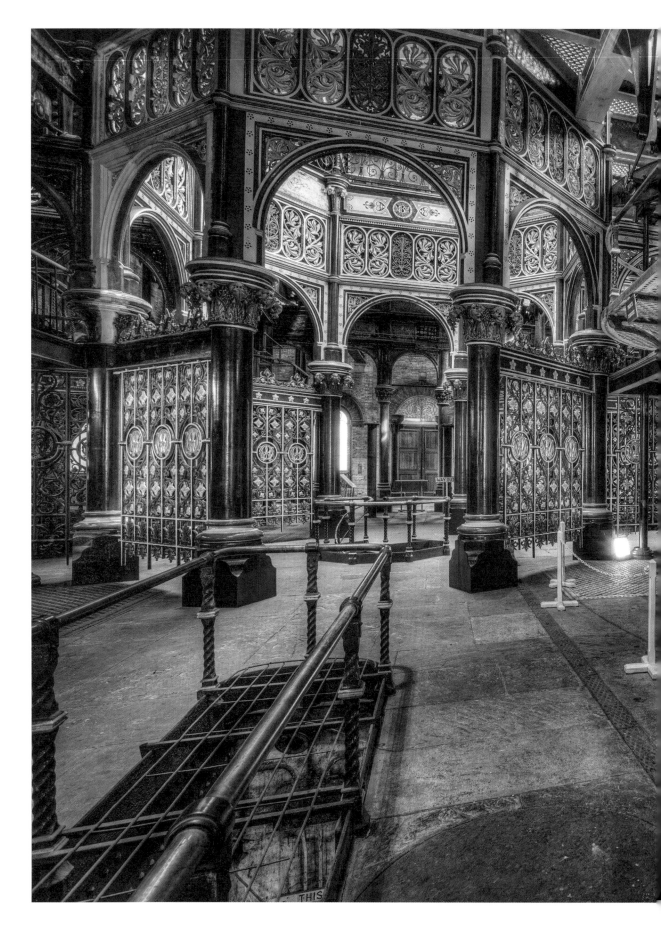

Wilders Folly · Reading, Reino Unido

En las afueras de Reading se alza una torre de ladrillo de casi 300 años de antigüedad, que se construyó para simbolizar el amor entre dos lugareños, el reverendo Henry Wilder y Joan Thoyts. La línea de división entre las dos casas familiares estaba obstruida por una colina en Sulham Woods, así que el reverendo Wilder mandó construir la torre en la colina para que pudieran verse desde ambas casas. La pareja acabó casándose y, aunque en la actualidad se encuentra en un avanzado estado de deterioro, la torre sigue allí, montando guardia silenciosamente en las afueras del pueblo, como testamento duradero de su amor.

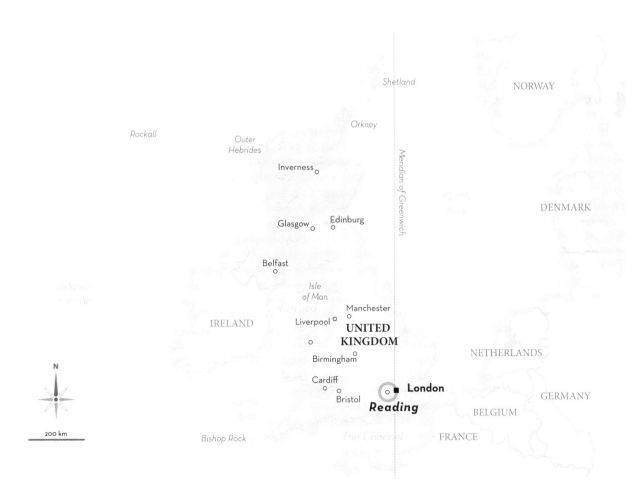

Royal Aircraft Establishment · Farnborough, Reino Unido

Los túneles aerodinámicos de Farnborough fueron precursores del NGTE, por lo que se diseñaron con criterios de ensayo mucho más amplios que este último: podían probarse las propiedades aerodinámicas de modelos a escala de aviones enteros, secciones de alas y cola, carcasas de bombas, misiles y otros vehículos como coches y barcos. En el túnel de baja velocidad (subsónico) de 24' del edificio Q121, se podían suspender prototipos enteros de aviones en el flujo de aire y probar su capacidad de vuelo sin poner en peligro la vida del piloto de pruebas.

La presencia militar en esta zona se remonta a 1905, y fue la Primera Guerra Mundial la que le dio toda su importancia: aquí se construyeron y probaron aviones experimentales antes de ser puestos en servicio en los campos de batalla del norte de Francia y Bélgica.

Con la construcción del primer edificio que alberga túneles de pruebas aerodinámicas en 1917, el emplazamiento se designa como lugar clave de investigación para el diseño de nuevos aviones. Toda la fabricación se trasladó entonces para que los ingenieros presentes pudieran dedicarse exclusivamente a hacer avanzar la investigación en este campo emergente y especializado.

El centro, conocido ahora como Royal Aircraft Establishment (RAE), trabajó en muchos conceptos aeronáuticos, que eran proyectos altamente secretos en aquella época. Muchos de los ingenieros que trabajaron allí pasaron a fundar empresas cuyos nombres son ahora bien conocidos, como Rolls Royce y The DeHavilland Aircraft Company.

Roca Fort Stack · Gales, Reino Unido

Se trata de una batería defensiva de piedra maciza situada en una isla rocosa cerca de Milford Haven, en Pembrokeshire. Se construyó en dos etapas; la primera estructura era un fuerte Martello construido en la boca de la ensenada que conduce al estratégico puerto de Pembroke Dock. La aplastante victoria sobre las flotas francesas y españolas en la batalla de Trafalgar en 1805 hizo que apenas hubiera necesidad de defender la costa británica hasta mediados del siglo XIX. Para entonces, la flota francesa había recuperado su antiguo esplendor y el deterioro de las relaciones con el nuevo dirigente francés, Luis Napoleón (sobrino de Napoleón I), reavivó el temor a una invasión francesa. En 1859, se creó una Comisión Real encabezada por Lord Palmerston (ex Primer Ministro) para hacer recomendaciones sobre el refuerzo de las defensas costeras de Gran Bretaña. Al igual que otros muchos emplazamientos del país, el fuerte de Stack Rock se transformó en la estructura circular, y de mayor tamaño que vemos hoy. El nuevo diseño incluía 54 cañones pesados protegidos por grandes casamatas y troneras de granito, habitaciones para 154 soldados y costó 82 000 libras. Este enorme proyecto supuso la labor de modernización militar más cara de Gran Bretaña en tiempos de paz. En última instancia, nunca tuvo que utilizarse en la guerra.

Hoy en día, el fuerte es una ruina aislada y tranquila, un refugio para aves marinas y helechos, y una visita turística ocasional que puede organizarse a través del propietario del lugar.

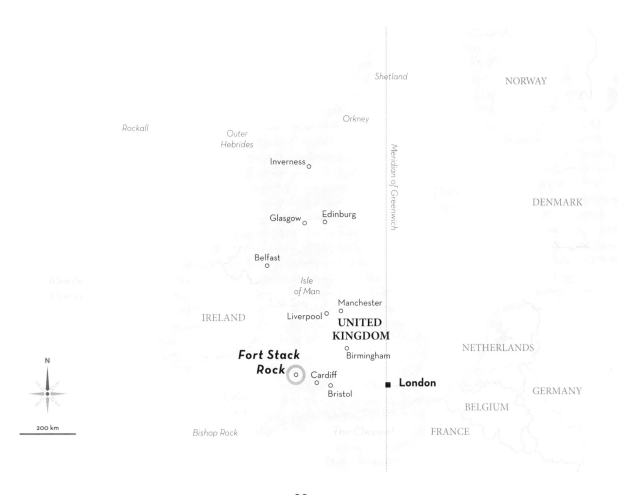

33

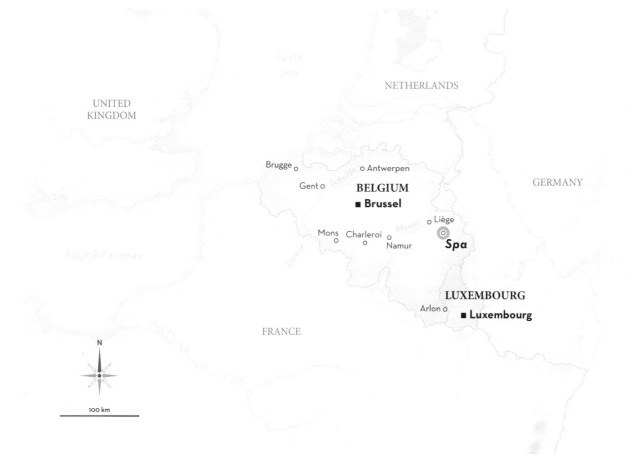

Spa Alla Italia · Provincia de Lieja, Bélgica

Este balneario de estilo neorrenacentista francés situado en el centro de la ciudad es el último de los tres construidos entre 1828 y 1868. En su época de esplendor, el balneario ofrecía hasta 170 000 tratamientos al año. Sustituido en 2003 por un establecimiento más moderno, cerró sus puertas definitivamente tras 135 años de funcionamiento. Desde 2016, la Región Valona las ha declarado patrimonio excepcional, y en 2021, fue declarado Patrimonio Mundial de la UNESCO.

Un recorrido por las distintas cabinas y baños repartidos en los tres niveles del edificio revela que todo ha sido ya desmontado y rescatado. Ni una sola bañera de cobre, ni un solo mueble. El principal atractivo de esta visita es sin duda el atrio. A pesar de una sensación de lujo anticuado, cornisas doradas desconchadas, estucos y báculos sucios y colores de pintura descoloridos, el espacio sigue impresionando por su lujo ostentoso. Una concentración de arquitectura neorrenacentista en un solo espacio.

Castillo de la Chance · Provincia de Lieja, Bélgica

Este edificio, construido en 1864 e inaugurado en 1870, fue originalmente casino, teatro y sala de conciertos. Acogía a los turistas adinerados que venían a tomar las aguas en la ciudad balneario. Pronto se convirtió en un popular lugar de encuentro y entretenimiento, recibiendo a numerosos artistas famosos, representaciones teatrales y conciertos de música clásica. Con el tiempo, el edificio se destinó a diversos usos, como cine y salón de baile. Tras sufrir graves daños durante la Segunda Guerra Mundial, fue restaurado por primera vez en 1950 y recuperó su función original de sala de conciertos y espectáculos. A lo largo de los años, el edificio ha tenido diferentes funciones como hospital militar, iglesia protestante, escuela, orfanato, museo municipal y sede de asociaciones locales. En 1999, se incluyó en la lista de conservación del Instituto del Patrimonio Valón. La sencillez del exterior de ladrillo y piedra azul contrasta con la riqueza del interior, donde abunda la decoración: estuco en las paredes, pinturas en los techos, chimeneas de mármol, espejos.... Toda esta ornamentación se despliega en las cinco salas de la primera planta, incluido un majestuoso salón de baile. Arquitectos, estucadores, pintores... una sucesión de grandes artistas dieron vida a este lugar. Contrariamente a lo que sugiere el título, este lugar no está abandonado. La noción de abandono es relativa. Olvidado por el tiempo, presa del deterioro, el edificio está sin embargo siendo vigilado y restaurado poco a poco con la ayuda de una asociación de conservación. Abierto regularmente durante las Jornadas del Patrimonio, el público puede admirar uno de los salones recreativos más antiguos de Europa.

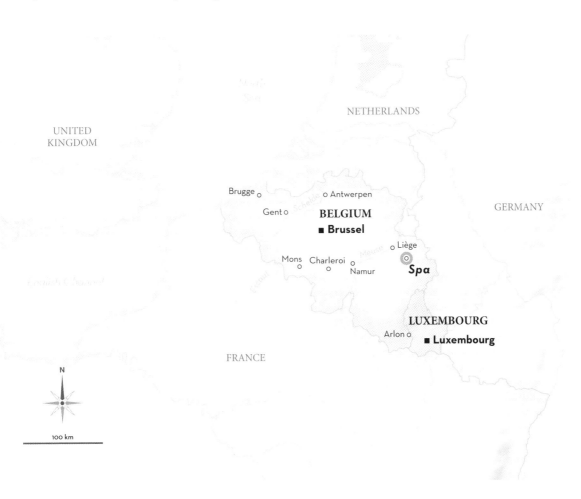

École des Demoiselles · Provincia de Lieja, Bélgica

Construido por dos arquitectos bruselenses, el edificio se inauguró en 1876. Albergaba la «école des demoiselles», una escuela de enseñanzas medias para niñas fundada en 1865. En 1925 pasó a manos del Estado y se convirtió en liceo, recibiendo el título de Liceo Real en 1946. Antes de cerrar sus puertas en 1998, el edificio albergó una escuela de enfermería. Adquirido por un gran grupo en 2001, el edificio está catalogado como patrimonio excepcional. Sin embargo, permaneció abandonado hasta 2019.

El edificio destaca por su arquitectura y luminosidad. No es difícil imaginar el ajetreo que reinaba durante el recreo. Pero también la estricta disciplina que se aplicaba en cuanto sonaba el timbre. Todo el edificio tiene goteras y el hermoso techo de cristal ya no es tan hermético ni seguro como antes. Los días de lluvia, el suelo está completamente inundado, ofreciendo a los fotógrafos un reflejo especular como efecto más bello de esta perspectiva. La vegetación crece en las cuatro esquinas del patio. Los muebles tirados desde las aulas del primer piso están dislocados en el suelo, las ventanas de las aulas están todas destrozadas, las molduras de escayola que se han caído de los balcones ensucian el suelo. Han aparecido las grietas. Pero la magia de la luz permanece intacta.

En 2019 se realizó una inspección sanitaria para evitar cualquier riesgo de derrumbe. Se cubren los tejados y el techo de cristal. Las puertas y ventanas se desmontaron y fueron devueltas a su estado original. Por último, en septiembre de 2022, la SPGE (Société Publique de Gestion de l'Eau) abrió sus nuevas oficinas en la antigua escuela de enfermería, completamente restaurada. Había permanecido desatendida y con goteras durante casi veinte años.

Castillo Déluge ·
Provincia de Lieja, Bélgica

En el siglo XVII, en el emplazamiento de una abadía cisterciense del siglo XII, se construyó un palacio abacial en el lugar que ocupó una de las alas del claustro. Se transformó progresivamente en castillo hasta el siglo XVIII. En 1795, la abadía fue arrasada y la comunidad religiosa expulsada por las autoridades revolucionarias francesas. En 1935, el castillo fue vendido a una cooperativa de seguros, que creó un preventorio (establecimiento de salud) para adolescentes. Aunque está catalogado como monumento histórico, el castillo, completamente vacío, está siendo abandonado poco a poco y actualmente se encuentra en un estado especialmente preocupante.

Al final de un pasillo, se encuentra una escalera de madera de estilo Luis XVI. Cabe preguntarse si se mantiene en pie gracias a su estructura de madera o debido a la humedad que contiene. Aunque está catalogada, parece haberse perdido para siempre. Los escalones y el suelo están llenos de escombros que han caído del techo. ¿Cuánto tiempo pasará antes de que todo se derrumbe?

Arriba, algunas puertas dan a habitaciones vacías donde las zarzas se han refugiado durante el invierno. Otras dan a aseos congelados por el tiempo, el frío y el polvo de las paredes en descomposición. Una fina capa de hielo tallada en fractales recubre las ventanas, dejando pasar la luz pero impidiendo ver el exterior. Hace un frío helador.

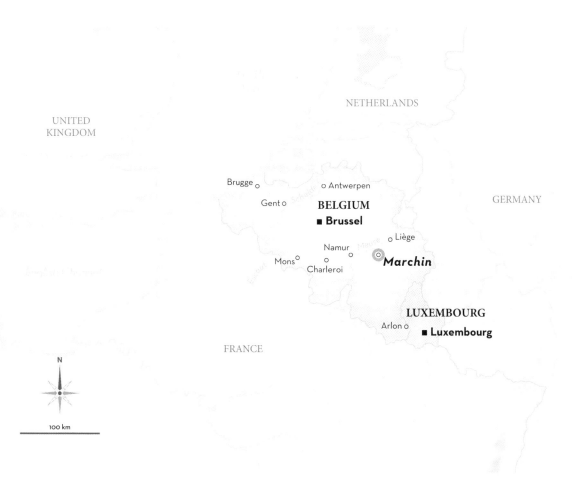

MIG Top Grunge · Provincia de Lieja, Bélgica

Este antiguo avión Mig del ejército polaco fue adquirido y trasladado a la parte trasera de esta propiedad por un burgués rico y caprichoso que sin duda quería impresionar a sus amigos en sus fiestas campestres. El tiempo ha pasado. La vegetación creció alrededor del avión y el propietario sin duda se cansó de su juguete. El avión no es menos impresionante por haber sido cubierto de helechos. Una vez en la cabina, se puede ver que todos los instrumentos siguen allí. Incluso puede sentarse a los mandos del avión, ahora en tierra.

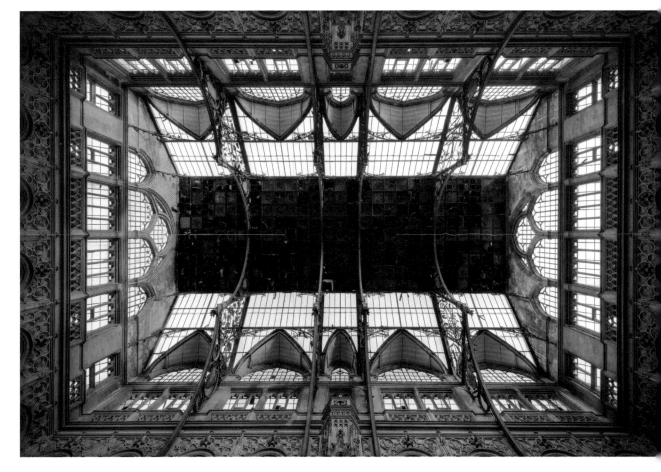

Intercambio comercial· Provincia de Amberes, Bélgica

En 1531 se construyó el Handelsbeurs de Amberes, una joya de la arquitectura neogótica y la primera bolsa de valores de la historia.

Serviría de modelo para otros edificios de toda Europa. Sin embargo, cerró sus puertas en 1997 tras el traslado de las actividades bursátiles a Bruselas. Durante mucho tiempo, la antigua Bolsa permaneció como un lugar mítico olvidado en Bélgica, antes de ser finalmente restaurada en 2019, tras más de 20 años de inactividad.

Hoy es un centro comercial abierto al público en pleno centro de la ciudad.

Estación de comunicaciones de la OTAN · Kester, Bélgica

En el pequeño pueblo de Kester, en la ondulada campiña de las afueras de Bruselas, se alza un edificio particularmente inusual: un antiguo radomo militar, una de esas estructuras geodésicas con forma de pelota de golf.

La construcción de esta instalación de la OTAN, cuyo nombre en clave es Zona Braams, comenzó en 1969. Entró en funcionamiento en 1971 y fue gestionado por un pequeño contingente de personal militar, principalmente estadounidense, hasta su cierre a finales de 2012 (ahora demolido). Era una de las numerosas estaciones repartidas por Europa destinadas a mantener la seguridad de las comunicaciones entre los estados miembros de la OTAN.

Dentro de la alta valla, que ahora ha desaparecido, había dos estructuras; la gran cúpula estaba encaramada en lo alto de la colina que las dominaba por el oeste. Los edificios estaban llenos de equipos electrónicos de vigilancia, pero ahora han sido completamente desmantelados, a excepción de la gran antena situada en el interior de la cúpula. La cúpula consiste en un armazón geodésico rígido recubierto de tejido PTFE, un material similar al teflón que no interfiere con las señales de la antena, al tiempo que la protege de las inclemencias del tiempo y la oculta a la vista.

Torre de refrigeración · Monceau-sur-Sambre, Bélgica

Algunos lugares se convierten rápidamente en favoritos de la comunidad de exploradores y fotógrafos. Esta construcción, situada en una bulliciosa ciudad industrial del centro de Bélgica, ofrece una experiencia emocionante y verdaderamente sensorial que justifica con creces su inmensa popularidad.

Se trata de una gran torre de refrigeración situada junto a una central eléctrica abandonada. Un concurrido canal y una esclusa separan la central eléctrica de la torre, y los servicios que bombean agua caliente a la torre cruzan el canal por un puente especial. Las torres de refrigeración enfrían y recirculan el agua hervida para producir el vapor que mueve las turbinas de la central. El agua se bombea hacia arriba para rociar boquillas o canaletas que distribuyen la alimentación por toda la anchura de la torre. A continuación, pasa por una serie de contenedores y cae en el estanque. Durante su descenso, el agua habrá perdido gran parte de su calor por evaporación en forma de vapor. Éste sube y sale por la parte superior de la torre: el agua enfriada puede entonces bombearse de nuevo a la central para su reutilización.

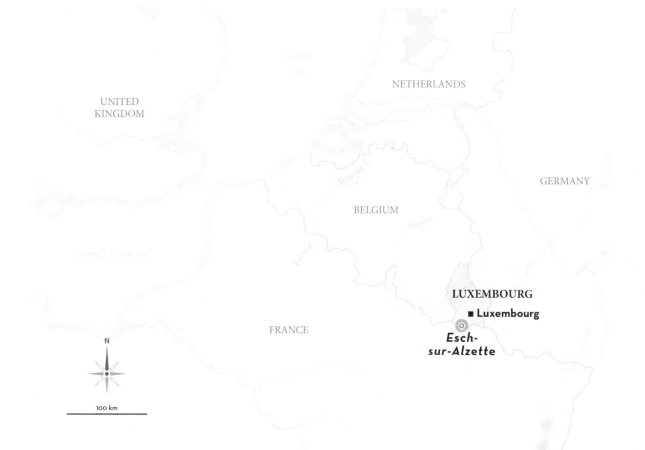

Terre Rouge · Luxemburgo

Construido en 1907, este acumulador de mineral es uno de los pocos vestigios que quedan de una enorme acería abandonada en 1977. Tras resistir durante mucho tiempo a las excavadoras, su demolición parece inminente, si es que no se ha producido ya. No obstante, algunas de las características estructuras de pórtico de acero se conservarán y reubicarán en un futuro distrito. Por cierto, aquí se rodó una escena de persecución de la película Crimson Rivers II.

El lugar está situado en el límite de un polígono industrial, junto a una vía férrea en desuso. De sobra conocido por los fotógrafos y de acceso relativamente fácil, es sin embargo un lugar peligroso, sobre todo si uno se aventura a subir a los niveles superiores. Tras cruzar el estanque interior, nos encontramos en una especie de túnel de 150 a 200 metros de largo, separado en su centro por un estanque de agua estancada que recorre toda su longitud. A ambos lados hay dos estrechos caminos de sirga que permiten caminar por la orilla derecha o izquierda. El agua es cristalina, reflejo de toda la maquinaria que aún permanece en el túnel. Todo un espectáculo para la vista.

Aerotrains «Made in France» · Francia

Veinticinco años antes del TGV, el Aérotrain constituyó una innovación notable tanto en tecnología como en diseño. En las pruebas realizadas en febrero de 1966, el prototipo 01 del Aérotrain, montado sobre un colchón de aire, alcanzó una velocidad de 200 km/h. Dos años más tarde, el ingeniero francés Jean Bertin construyó en Gometz-la-Ville (Essonne) una pista experimental de pruebas de monorraíles enteramente dedicada a este nuevo tipo de transporte. Destinado a formar parte de un futuro trazado París-Orléans que el Aérotrain debía unir en sólo 20 minutos, en 1969 se utilizó para probar el prototipo 02, que, con su motor y sus cohetes, consiguió alcanzar velocidades de 422 km/h. De 1969 a 1974, esta vía fue utilizada principalmente por los prototipos I80-250 e I80-HV. Este último logró establecer el récord mundial de velocidad para transporte guiado a 430,4 km/h el 5 de marzo de 1974.

A pesar del gran interés suscitado por este invento, que despertó el entusiasmo de una veintena de países, entre ellos Estados Unidos, finalmente se abandonó el proyecto en favor del Train à Grande Vitesse, lo que llevó a la quiebra a la empresa del visionario Jean Bertin. Capaz de alcanzar velocidades equivalentes, el TGV tenía la doble ventaja de funcionar con electricidad, en lugar de hidrocarburos, y sobre la red ferroviaria existente. Sin embargo, no alcanzó una velocidad de 380 km/h hasta 1981, y de 551,3 km/h en 1990.

Hace unos veinte años, Thierry Farges, un aficionado a la mecánica cuyo principal interés es conservar los vehículos militares que participaron en el desembarco del Día D, recuperó in extremis los prototipos I80-250 e I80-HV del aparcamiento cubierto de hierba de la antigua empresa Bertin, donde estaban destinados a la chatarra. Los dos prototipos siguen existiendo y han sido restaurados por este entusiasta, que no se cansa de hablar de la tecnología del colchón de aire y de sus prestaciones de propulsión.

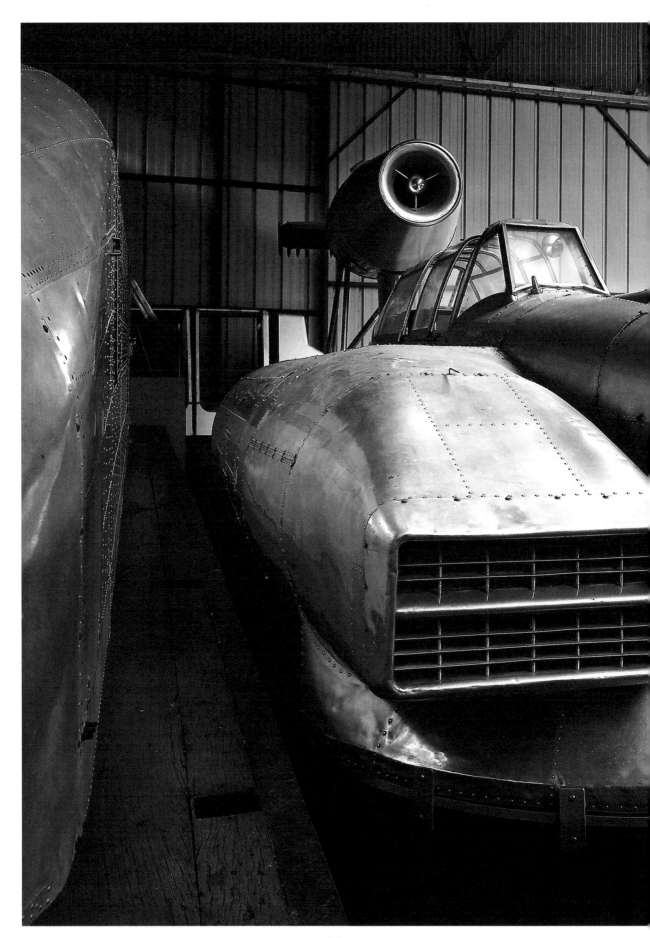

Teatro de Dole · Dole, Francia

El primer teatro permanente de la ciudad se construyó en 1754 en un edificio militar contiguo a unas caballerizas. Cuando las caballerizas se derrumbaron, surgió la idea de construir un nuevo recinto que contribuyera al desarrollo de las artes musicales de la región. Este ambicioso proyecto nació en la parte alta de la ciudad, en la que había numerosas mansiones privadas donde vivían muchos notables. Las obras se llevaron a cabo entre 1840 y 1844, según los planos elaborados por el ingeniero y arquitecto Jean-Baptiste Martin. A la inauguración acudió la aristocracia de toda la región.

Catalogado como monumento histórico desde 1996, el teatro es asombroso. Ha resistido el paso del tiempo y su magnífica fachada neoclásica sigue prácticamente intacta, con un patio central sostenido por columnas. El teatro es una sala a la italiana, con forma de herradura para ampliar el espacio entre el escenario y el gran vestíbulo. Seiscientas butacas se distribuyen en cinco niveles en palcos y balcones decorados originalmente en azul pato con reflejos dorados. La decoración, pintada sobre madera y lienzo con la técnica del marouflage por los decoradores Och y Chenillon.

En 2015 se cerró el teatro con el fin de renovarlo por completo. El edificio reabrió sus puertas en 2021 con un aspecto eficiente y acogedor. Al elegir una respuesta suave y proporcionada y restaurar sus colores originales, el proyecto ha permitido trabajar dentro de las limitaciones del edificio existente, adaptando el espacio sin perturbar la atmósfera única de un teatro a la italiana. Este nuevo y moderno recinto acoge regularmente conciertos, representaciones teatrales y de danza.

La cementera de la cúpula · Cataluña, España

La geografía del litoral catalán se encuentra salpicada de decenas de fábricas de cemento, que aprovechan la piedra caliza del terreno. Muchas de ellas han sido abandonadas por diversos motivos, entre los que destaca las quejas vecinales por las emisiones de partículas y su proximidad a las poblaciones o por el agotamiento de los yacimientos que las abastecían.

Una de estas cementeras, de la que no vamos a dar datos concretos, es una gran conocida entre los amantes de la exploración urbana. En los últimos años ha sido utilizada como plató para el rodaje de publicidad comercial y de videoclips musicales.

Su gran almacén de áridos en forma de domo no es el único elemento con riqueza patrimonial en el entorno fabril olvidado y que destaca entre las naves, hornos, silos y demás construcciones que permanecen en silencio en medio de la montaña.

Además de este complejo industrial, en las inmediaciones todavía perduran los restos de la actividad extractiva de la piedra.

Engullidos por la naturaleza, se encuentran llenos de herrumbre cintas transportadoras y vagonetas, que languidecen pese a su valor desde el punto de vista de la arquitectura industrial. Son testigos de un pasado minero que fue suspendido años antes del cierre de la fábrica, que perduró a partir de materiales procedentes de otras canteras hasta su clausura y olvido.

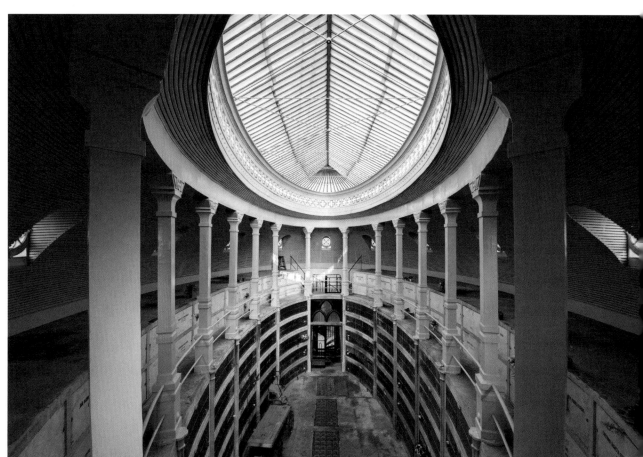

Cripta, siglo XIX · Porto, Portugal

Encima de la habitación fría, donde pequeños bloques de vidrio dejan pasar la luz del día a los fallecidos, subí a una escalera que había ahí, hasta el último cajón, como cuando recorría las paredes de mi biblioteca para sacar con una mano un libro que buscaba.

Números en centenas, flores de cerámica y jarrones por ramos de flores, metal, madera y mármol helados: la industria dedicada al traslado de un cuerpo a otro, de un lugar a otro, hacía girar ruedas, resortes y manivelas, elevarse escalones y plataformas, al delicado hueco del sepulcro, donde nada menos calculado que una sala funcionaba como última morada. Todo estaba en un mismo edificio cuando menos poco móvil. Arrastran, levantan, izan, empujan, colocan en horizontal. La barra, que no aguanta más y gira por sí misma, requiere para la colocación final de la fuerza necesaria de un codo que se dobla bajo el peso del muerto.

Central eléctrica de Crespi d'Adda · Italia

En 1869, un acaudalado fabricante textil italiano llamado Crespi compró un terreno cerca del río Adda e instaló allí su planta de producción, donde se hilaba, tejía y teñía, además de prestar servicios administrativos.

En 1909 se construyó una central hidroeléctrica para facilitar el funcionamiento de la creciente empresa. Era la época de los industriales ilustrados y filántropos que, inspirados por la doctrina social, querían satisfacer las necesidades de sus trabajadores ocupándose de sus condiciones de vida tanto dentro como fuera de la fábrica. Alrededor de la fábrica se construyó una ciudad completa: viviendas, hospital, iglesia, escuela, centro cultural, teatro, estadio, baños públicos, lavadero, parque de bomberos, cementerio... Desgraciadamente, en 1929 Italia también se vio afectada por la Gran Depresión, y la producción de la fábrica se ralentizó hasta cerrar. Hoy en día, las mágicas «turbinas negras» siguen allí, vigiladas por su antiguo panel de control. Una turbina Francis y otras dos potentes turbinas Kaplan proporcionan una potencia total de 858 kW. Ocupan toda la gran nave.

La central es la más pequeña de las construidas a lo largo del río Adda, pero sin duda la más bella: las decoraciones de estilo lombardo Liberty, el parqué original, el panel de control de mármol y las cabezas de las turbinas la convierten hoy en una auténtica joya de la arquitectura industrial.

Palacio Atenea · Lombardía, Italia

Adquirida a principios del siglo XX por Silvio Strumia, empresario de la industria de la seda, esta mansión neo-clásica es sorprendentemente grande. En el centro del edificio, una gran sala elíptica se extiende en dos niveles coronados por una cúpula con claraboya. La cúpula, decorada con cariátides de estuco blanco, está sostenida por 16 columnas corintias. Cada columna lleva la insignia de un arte o profesión... ¿Era éste un delicado recuerdo de los trabajadores que el industrial empleó entre 1920 y 1950? La hilandería que hizo construir en los jardines adyacentes a su palacio, reconocible por su característica chimenea alta, empleaba a muchas mujeres de la localidad. La fábrica fue destruida por un incendio en 1992, pocos años después de su cierre.

Castello Non Plus Ultra · Toscana, Italia

El castillo de Sammezzano es una obra maestra de excesos y refinamiento de valor incalculable. Aunque el castillo ha albergado a muchas personalidades famosas –se dice que el mismísimo Carlomagno se alojó aquí para que el Papa bautizara a su hijo en 780–, el hombre que dejó en él la huella más notable fue Ferdinando Panciatichi Ximenes, el propietario de la residencia que la transformó entre 1843 y 1889. Político, mecenas de las artes, amante de la arquitectura, la ingeniería y la botánica, este hombre de inmensa cultura se propuso convertir el castillo en una auténtica obra de arte a imagen de su compleja, atormentada y megalómana personalidad.

La atmósfera de cuento de hadas que impregna este laberinto de colores abigarrados, esculturas de inspiración morisca y salas grandiosas (incluida la Sala de los Pavos Reales, con sus paredes adornadas de mayólica) no deja indiferente a nadie. Para no quedarse atrás, Ferdinando también mandó acondicionar el «Parque Histórico»: 65 hectáreas de plantas exóticas, fuentes y robles que preparan al visitante para el esplendor que le espera al final del camino. El castillo fue abandonado por sus descendientes, saqueado durante la Segunda Guerra Mundial, convertido en un hotel de lujo en los años 70... A la espera de que se materialice el proyecto de transformarlo en un complejo hotelero de lujo con spa y campo de golf, el edificio y sus terrenos vuelven a quedar abandonados.

Estadio de Sant'Elia. Cagliari, Italia

Terminado en 1970 en la ciudad de Cagliari (Cerdeña), el estadio de Sant'Elia fue diseñado como escaparate de la estrella emergente del fútbol italiano de los años sesenta: el Cagliari Calcio (antes US Cagliari). La guinda del pastel para este flamante club fue que el estadio se terminó el mismo año en que ganó el campeonato italiano, lo que justificó una inversión de 1 900 millones de liras (casi 1 millón de euros) sufragada por el ayuntamiento y un préstamo deportivo nacional. El edificio, construido en hormigón armado con gradas ovaladas descubiertas, se consideró una auténtica obra de arte en su momento. Podía albergar hasta 20 000 espectadores, una capacidad que pronto resultó problemática.

Los recursos invertidos en la construcción del edificio no se extendieron a las infraestructuras necesarias para soportar la avalancha de tifosi (aficionados italianos): las vías de acceso al estadio son demasiado estrechas para el volumen de espectadores que atraen algunos partidos –como los tres encuentros de 1990 en el marco de la Copa del Mundo de fútbol– y el aparcamiento sólo dispone de 200 plazas.

El propio estadio sufrió pronto varios problemas: su proximidad a un depósito de combustible cercano hizo que fuera víctima de un incendio cuando una de las tuberías subterráneas se rompió, haciendo que el combustible subiera a la superficie, donde cayó accidentalmente la colilla de un trabajador y prendió fuego al edificio. Las reparaciones que siguieron no bastaron para detener la decrepitud del estadio, que además fue perdiendo afluencia de público a medida que el club descendía a las ligas inferiores, atrayendo cada vez a menos espectadores. A medida que el hormigón de la estructura se volvía más quebradizo y el estadio empezaba a funcionar mal (pista de atletismo y gradas en mal estado, iluminación defectuosa, etc.), se acometieron varias reformas, hasta que la obsolescencia del estadio se hizo patente y cerró sus puertas definitivamente en 2012. El club se trasladó entonces a la Unipol Domus, también conocida como Sardegna Arena, una estructura provisional que esperaba desalojar en unos años: el proyecto de un nuevo estadio, aprobado en 2017, se concretó en 2023 con un plan de 50 millones de euros dado a conocer por el ayuntamiento para la demolición del estadio de Sant'Elia y la construcción, en su emplazamiento, de un estadio de 30 000 localidades combinado con un vasto complejo que incluye hoteles y restaurantes. La estructura, que costará unos 160 millones de euros, incluyendo la inversión del club y de los socios comerciales, podría convertirse en el principal estadio de Cerdeña y dar un nuevo impulso al Cagliari Calcio, ansioso por volver a demostrar su valía en un estadio digno de su categoría.

DENMARK

North
Sea

Baltic
Sea

Kiel

Rostock

Lübeck

Bremerhaven

Hamburg

Schwerin

POLAND

Bremen

Elbe

Oder

NETHERLANDS

Berlin

Potsdam

Osnabrück

Hannover

Weser

Magdeburg

Gelsenkirchen

Dortmund

Göttingen

Halle

GERMANY

Leipzig

Kassel

Görlitz

Düsseldorf

Erfurt

Dresden

Köln

Aachen

Bonn

BELG.

Koblenz

Frankfurt-
am-Main

Main

Bamberg

CZECH
REP.

Mainz

LUX.

Trier

Würzburg

Mannheim

Nürnberg

Sarrebruck

Rhein (Rhine)

Regensburg

FRANCE

Stuttgart

Donau (Danube)

Passau

Ulm

Augsburg

Inn

Munich

Freiburg-
Briesgau

Ravensburg

N

AUSTRIA

SWITZERLAND

LIECH.

100 km

Vestuarios de la mina Hugo 2 · Gelsenkirchen, Alemania

La particular geomorfología de su subsuelo rico en carbón ha dotado a la cuenca del Ruhr de un patrimonio minero y siderúrgico de primer orden. La llegada de la revolución industrial provocó un rápido cambio en el paisaje y un amplio desarrollo, gracias a la formación de empresas mineras. En 1873, Hugo Honingmann, un acaudalado empresario de Essen, asumió la dirección de la «Unión Minera Hugo» en Gelsenkirchen.

El desarrollo de la red minera provocó el agotamiento de algunos pozos, reducidos a meras vías de comunicación o conductos para suministrar aire fresco al subsuelo. Se abrieron nuevos pozos, se ahondaron otros, se construyeron cabeceras y se crearon coquerías para procesar directamente el carbón.

También se diseñaron racionalmente todos los edificios de superficie, incluido el vestuario de los mineros. Se llamó «vestuario colgante» por la forma en que se colgaba la ropa en una especie de jaula conectada a una cadena cerrada e identificada por un código. Se elevaba hasta el techo para protegerla de los robos y ahorrar espacio.

A principios del siglo XX, Gelsenkirchen absorbió a todos los pueblos vecinos, convirtiéndose en la mayor ciudad minera e industrial de Europa, lo que hizo de ella un objetivo prioritario de los bombardeos de la Segunda Guerra Mundial.

Una vez renovado, el complejo siguió ampliándose en la década de 1950, pero todas las mejoras e inversiones realizadas para modernizarlo no consiguieron evitar que se agotaran los recursos. Los movimientos sociales de los años ochenta y los esfuerzos realizados en los noventa no consiguieron frenar su declive, y la mina cesó finalmente su actividad el 28 de abril de 2000.

DENMARK
North Sea
Baltic Sea
Kiel
Rostock
Lübeck
Schwerin
Bremerhaven
Hamburg
Bremen
Elbe
POLAND
Oder
NETHERLANDS
Berlin
Weser
Hannover
Potsdam
Osnabrück
Magdeburg
Vockerode
Dortmund
Göttingen
Halle
Leipzig
Kassel
GERMANY
Düsseldorf
Görlitz
Dresden
Erfurt
Köln
Aachen
Bonn
BELG.
Koblenz
Frankfurt-am-Main
Main
Mainz
Bamberg
CZECH REP.
LUX.
Trier
Würzburg
Mannheim
Nürnberg
Sarrebruck
Rhein (Rhine)
Regensburg
Stuttgart
Donau (Danube)
Passau
Ulm
Augsburg
FRANCE
Inn
Munich
Freiburg-Briesgau
Ravensburg
N
AUSTRIA
SWITZERLAND
LIECH.
100 km

Central eléctrica de Vockerode · Sajonia-Anhalt, Alemania

Tras el giro político de 1989, sólo era cuestión de tiempo que se cerrara este complejo, que ya no podía competir con las centrales modernas. Muchos de los edificios fueron demolidos, pero los que seguían en pie en 1996 están catalogados como monumentos históricos en Sajonia-Anhalt. La singular arquitectura de Vockerode sigue suscitando interrogantes y ha sido objeto de intervenciones artísticas en torno a la relación entre el paisaje cultural histórico y el desarrollo industrial, como la exposición de 1998 «Mittendrin - Sachsen-Anhalt in der Geschichte». La voladura de las cuatro chimeneas en 2001 completó la destrucción de la identidad visual del paisaje local, al que los lugareños llamaban «el Titanic del Elba».

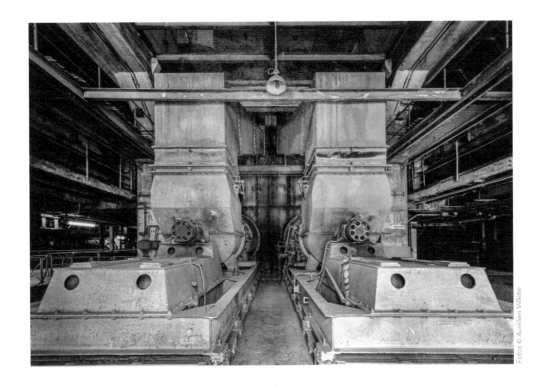

Fotos © Aurélien Villette

VEB Kraftwerk · Sajonia, Alemania

La mayor central eléctrica de Alemania Oriental. La central fue construida por VEB BMK en 1966, y el primer bloque entró en funcionamiento en 1971. Las dos «fábricas» están situadas en la misma nave, con 12 turbinas de 210 MW dispuestas a lo largo de 600 metros. En el momento de la reunificación, las normas medioambientales hicieron imposible adaptar los filtros. La Werk1, con sus 6 bloques, se cerró en 1996, seguida de la Werk2, con sus 6 bloques restantes, en 1998. Como emplazamiento abandonado, la central sigue siendo un lugar animado: desde hace varios años acoge actos culturales, tanto al aire libre como en la sala de turbinas. En la actualidad, las turbinas han desaparecido de la sala principal, ya que todas han sido desmanteladas, pero la estructura de la central sigue en pie.

Fotos © Aurélien Villette

CZECH
REPUBLIC ○ *Luková*

N

500 km

Iglesia de San Jorge · Lukova, República Checa

La iglesia católica de San Jorge se aferra a la colina que domina Lukova, un pueblo del noroeste de la República Checa. Aunque su construcción original data de 1352, su arquitectura se ha modificado muchas veces a lo largo de la historia. A principios del siglo XV, las guerras husitas, que enfrentaron a católicos y partidarios de Jan Hus, reformador religioso checo, provocaron su demolición parcial. El presbiterio gótico se conservó cuando fue restaurado un siglo más tarde. En 1796, un violento incendio volvió a dañar gravemente la pequeña iglesia. La iglesia se reconstruyó en estilo neogótico, utilizando piedra, ladrillo, cal y pizarra para el tejado.

Saint-George conserva hoy este aspecto exterior. Las dos puertas de la entrada principal se abren a un interior románico que alberga tres altares ricamente decorados con pinturas y esculturas sagradas. Durante las obras de restauración del siglo XIX, la pila bautismal de gres se trasladó a una iglesia cercana.

Durante la Primera Guerra Mundial, las campanas de la iglesia se fundieron para fabricar armas. El resto del mobiliario, los accesorios de la iglesia y los ornamentos litúrgicos fueron saqueados. En 2012, despojada y abandonada, la iglesia de Saint-George parecía a punto de derrumbarse. Un estudiante de la Facultad de Diseño y Arte de Boheme decidió utilizarla para su trabajo. Jakub Hadrava colocó en la iglesia 32 figuras de escayola de tamaño natural, que representan las sombras de un mundo pasado en el que la fe conformaba gran parte de la personalidad de la gente. La instalación ha tenido un gran éxito, y el dinero recaudado con las donaciones se está utilizando para intentar restaurar la iglesia, que todavía es accesible.

113

La central eléctrica
de Kelenföld · Hungría

La central eléctrica de Kelenföld es una joya del patrimonio industrial húngaro. Con más de un siglo de antigüedad, antaño fue la más moderna de toda Europa. La sala de control lleva mucho tiempo vacía, aunque otras partes del lugar siguen funcionando para poder abastecer a una gran ciudad situada en los alrededores. Esta es la razón por la que solo me han dejado visitar una pequeña parte de este enorme conjunto. No obstante, la sala de control abandonada es a todas luces literalmente la más bella que hayan podido ver mis ojos.

La central eléctrica está parcialmente abandonada ya que una parte está gestionada por una empresa privada. Cada día, produce el 60 % de la calefacción y el agua caliente de la ciudad vecina y el 4 % de la electricidad del país. La central se alimenta de gas que proviene de Rusia a través de Ucrania. Si el suministro llegase a interrumpirse, por cualquier motivo, sus reservas de combustible podrían durar ocho días.

Cuando se construyó, la central fue la primera sala de calderas y el primer edificio que suministraba electricidad en la región, pero también fue el primer intercambiador térmico de Europa. Su característica más llamativa es su increíble sala de control, fuera de servicio desde 2005, con su enorme techo de cristal art déco. Fue diseñado en 1927 por los arquitectos Kálmán Reichl y Virgil Borbíró, y tardó dos años en construirse. La sala de control está protegida por una ley húngara que prohíbe demolerla, pero que también disuade de realizar cualquier reforma. Este edificio bajo, que no puede evitar recordarnos a una casa, se construyó como un refugio para el personal de la central en caso de bombardeo durante la Segunda Guerra Mundial – lo que afortunadamente nunca sucedió.

Castillo Sharovsky · Región de Járkiv, Ucrania

En este castillo abandonado de la región de Járkiv, que fue uno de los castillos de la acaudalada familia Sharovsky, reina ahora el polvo. Construido a mediados del siglo XIX, el castillo es una mezcla de estilos neoclásico y barroco ruso, cuya combinación sigue evocando la magnificencia del pasado. En la parte trasera del edificio se encuentran los restos de un jardín botánico, un remanso de verdor que hizo que el palacio (así como sus gigantescos salones) se convirtiera durante muchos años en una clínica para tuberculosos.

Ahora los residentes también han desaparecido, y nadie ha pisado los vastos suelos del castillo desde hace mucho tiempo.

Palacio de la Cultura Lenin · Dnipró, Ucrania

En el corazón del gigantesco Palacio de la Cultura Lenin, en la ciudad de Dnipró, el silencio se vio brevemente perturbado por los bienvenidos sonidos de la renovación: el monumento, que fue una de las reliquias soviéticas más impresionantes del país, iba a ser reformado. Por desgracia, la guerra con Rusia puso fin al proyecto, y es probable que el lugar acabe sufriendo el mismo destino que la estatua de Lenin que antaño se erigía en la ciudad, que fue retirada en 2014.

Fotos © Terence Abela

123

Pueblo abandonado de Prypiat · Chernóbil, Ucrania

Prypiat se hizo tristemente célebre el 26 de abril de 1986, cuando explotó el reactor número 4 de la central nuclear de Chernóbil a sólo 3 kilómetros de distancia. Decenas de miles de personas murieron a causa de la radiación, y los efectos sobre la flora, la fauna y las personas seguirán sintiéndose durante milenios. Hoy en día, esta zona irradiada puede visitarse en compañía de guías.

Desde la zona de ocio, con su cafetería y sus coches de choque abandonados, hasta el Palacio de la Cultura en ruinas, pasando por las hileras de camas fantasmales de la maternidad o la alfombra de máscaras antigás de la escuela local, todo recuerda el trágico destino de esta pequeña ciudad antaño próspera.

Fotos © Terence Abela

Estación de Hunedoara · Rumanía

El Partido Comunista Rumano llegó al poder en 1945. El gobierno totalitario de Nicolae Ceaucescu no cayó hasta diciembre de 1989, tras otro golpe de Estado. El régimen comunista del país se inspiró en gran medida en las prácticas de su vecino soviético, y lo apoyó mientras duró su pertenencia al Pacto de Varsovia.

La estación de Hunedoara, como cientos de otras en todo el país, aún conserva las cicatrices de la propaganda comunista. En esta gran ciudad industrial, muchas de cuyas instalaciones han cerrado desde la caída del régimen totalitario, la glorificación de los obreros como fuerza de trabajo al servicio de la nación puede verse en un gigantesco fresco en una sección de la estación, ahora cerrada.

El casino de Constanza · Rumanía

Este edificio fue antaño el más impresionante de Rumanía. En estado de abandono desde 1990, se viene abajo lentamente a pesar de formar parte de los monumentos históricos del Ministerio rumano de Cultura y Asuntos Religiosos.

Está en la ciudad de Constanza (antaño llamada Tomis), bautizada así por el emperador romano Constantino I en honor a su hermanastra. Fundada hacia el año 600 antes de Cristo, Constanza es la ciudad más antigua con población de Rumanía y la ciudad más grande de la región gracias a las 300 000 personas que ahora viven en ella. Su emplazamiento a orillas del mar Negro, sus grandes playas y sus agradables temperaturas atraen a numerosos veraneantes que, entonces, disfrutaban del casino, la atracción principal del lugar. No muy lejos, el puerto, el más importante del mar Negro, juega un papel importante en el ámbito europeo. La zona peatonal que rodea el casino es la favorita de las parejas y las familias.

Daniel Renard y Petre Antonescu diseñaron, por encargo del rey Carlos I de Rumanía, este edificio modernista adornado con magníficos detalles de inspiración barroca. Inaugurado en 1910, el establecimiento se financió con las arcas públicas. Ideado como un homenaje a las tradiciones artísticas rumanas, el proyecto se fue transformando durante su construcción en un palacio modernista acorde al estilo de la *belle époque*. A muchos veraneantes ricos les encantaba venir a jugar y a bailar a este símbolo de la ciudad.

El restaurante situado justo enfrente, y ahora transformado tras varias reformas, era el lugar de visita obligada para cenar.

Este edificio icónico sobrevivió a dos guerras mundiales. Se organizó incluso una recepción en honor a la familia imperial rusa durante su visita en 1914. A pesar de los intereses diplomáticos, la archiduquesa Olga rechazó a su pretendiente, el príncipe Carlos de Rumanía, y los rusos no perdieron el tiempo. Olga y toda su familia fueron asesinados en 1918 por los bolcheviques. Durante la Segunda Guerra Mundial, el casino se convirtió en hospital, antes de servir poco tiempo como restaurante bajo el régimen comunista de posguerra. Pero su mantenimiento era tan costoso que cerró definitivamente sus puertas en 1990.

Buzludja · Bulgaria

Este edificio se erige sobre el monte Buzludja a 1432 metros de altitud. Se inauguró en 1981 para conmemorar la liberación de Bulgaria del yugo otomano (1891) y de la dominación nazi (1944), dos acontecimientos en los que Rusia desempeñó un papel decisivo. Este monumento también sirvió como cuartel general simbólico para el partido comunista búlgaro.

Más de 60 artistas búlgaros realizaron los frescos que se ven en las fotos, mientras que miles de voluntarios participaron en la construcción del monumento. Hay frescos que representan a Engels, a Marx y a Lenin, mientras que otros simbolizan el proletariado y la construcción del monumento. El coste del edificio ascendió a unos 14 millones de levs búlgaros, a saber, unos 8 millones de dólares, en su mayoría procedentes de donaciones de ciudadanos a quienes presentaron este proyecto como un monumento por el pueblo y para el pueblo.

La enorme torre mide más de 100 metros de alto. Decorada con una estrella roja colosal, tres veces más imponente que las estrellas del Kremlin, se decía que la luz roja que emitía se podía ver desde Grecia y Rumanía.

Bulgaria abandonó el comunismo en 1989, fecha en la que el Estado heredó el monumento de Buzludja. Apenas seis años después, la estructura ya estaba en un estado lamentable a causa del robo de sus elementos. Me contaron que, hasta mediados de los años 1990, el monumento estaba protegido por guardias. Su enorme tejado, antaño completamente de cobre, fue totalmente saqueado al día siguiente de marcharse los guardias.

Universidad Politécnica de Gyumri · Armenia

En 1918, tras la revolución rusa, Armenia, al igual que sus vecinos, se separó del antiguo imperio y se convirtió en la República Soviética de Armenia en noviembre de 1920, antes de unirse en 1922 a la República Transcaucásica, uno de los miembros fundadores de la URSS. Tras el desmembramiento de Transcaucasia en 1936, se planteó la cuestión de la gestión de ciertos territorios, en particular el de Nagorno Karabaj, adscrito a Azerbaiyán. Este conflicto permaneció congelado mientras duró la dominación soviética, hasta los disturbios de 1988. Una vez proclamada la independencia en 1991, Armenia mantuvo buenas relaciones con Rusia, como demuestran las numerosas estatuas y frescos que aún salpican el país. Sin embargo, volvieron a estallar los conflictos con su vecino, y aunque en 1994 se acordó un alto el fuego tras varios brotes de violencia, no se resolvió nada. El país, que nunca ha olvidado la Gran Armenia de antaño, debe contentarse con soñar mientras observa cómo las vías de los ferrocarriles abandonados cruzan las fronteras que la historia ha erigido.

Algunos vestigios siguen siendo testigos de los restos de la era soviética. La antigua Universidad Politécnica de Gyumri, por ejemplo, es un triste símbolo de la primera apertura del país al exterior durante el periodo soviético. Esta fuente que se alza en un paisaje desolado es una de las pocas supervivientes del terrible terremoto de 1988, que mató a casi 50 000 personas. La antigua URSS no tuvo más remedio que recurrir a la comunidad internacional en busca de ayuda para reconstruir el país.

© Terence Abela

Estación del funicular de Tiflis · Tiflis, Georgia

Georgia quedó bajo influencia soviética en 1921, antes de formar con sus vecinos la República Soviética Transcaucásica. Fue la patria de José Stalin, y se convirtió en un territorio privilegiado desde su llegada al poder.

Acogiendo a la intelectualidad rusa en busca de diversión y descanso, el país se convirtió en sinónimo de placeres diversos, desde el baile hasta la buena mesa. De esta época quedan algunos establecimientos majestuosos, con un aura de grandeza que persiste a pesar de su deterioro, como los sanatorios de Tskatulbo, hoy ocupados en gran parte por refugiados que huyen de los conflictos de Abjasia. Especialmente vigilado por Jruschov tras la muerte del «Padrecito de los Pueblos» y sometido a una intensa deconstrucción de su culto a la personalidad, el país se emancipó en abril de 1991, sumiéndose en varios conflictos armados entre el poder central y varias regiones –Abjasia y Osetia del Sur–, que a su vez exigieron la independencia.

La capital, Tiflis, alberga muchas reliquias de esta época dorada, entre ellas el funicular más antiguo de la ciudad, que transportaba hasta 500 000 personas al año desde el centro hasta las alturas del parque Mtatsminda. Construido en 1903, se cerró tras un terrible accidente en 1990, en el que murieron 20 personas y 15 resultaron heridas. Recientemente se ha puesto en marcha un proyecto de renovación.

Tskhaltoubo · Georgia

Tskhaltoubo es una ciudad de 17 000 habitantes situada al oeste de Georgia. Es famosa por sus aguas termales, apodadas «aguas de la juventud» por su contenido en carbonato de radón y magnesio, de reconocidos efectos terapéuticos. Visitantes de todo el mundo acuden a Tskhaltoubo para tratar sus problemas cardiovasculares, nerviosos, endocrinos e incluso dermatológicos. Una de las particularidades del lugar es que los visitantes se bañan en agua corriente a una temperatura constante de 33 a 35°C.

En los siglos XII y XIII, a los georgianos les encantaba llevar a los viajeros a relajarse a Tskhaltoubo. A principios del siglo XX, un análisis químico reveló la composición única de las aguas y Tskhaltoubo se convirtió oficialmente en ciudad balneario. La construcción del balneario comenzó unos cinco años después. En la década de 1950, bajo el régimen soviético, Tskhaltoubo era un popular destino balneario, con nueve baños y 19 sanatorios añadidos a lo largo de los años. El baño 6, el más grande que sigue en uso hoy en día, incluso se construyó especialmente para José Stalin en aquella época. En 2015 se inauguró un nuevo balneario médico, cuya modernidad contrasta con el estado ruinoso de muchos de los edificios de la ciudad.

Muchos de los sanatorios que florecieron hace 50 años están ahora abandonados y en muy mal estado. Algunos antiguos hoteles y sanatorios albergan ahora a personas que tuvieron que abandonar sus hogares en Abjasia durante la guerra de finales del siglo XX. Fue entonces cuando Abjasia declaró su independencia y casi todos los georgianos que vivían allí se vieron obligados a huir.

© Roman Robroek

Baïkonur

KAZAKHSTAN

Almaty

Bishkek

Shymkent

UZBEKISTAN

Tashkent

KYRGYZSTAN

CHINA

Bukhara   Samarkand

Kashgar

TAJIKISTAN

Dushanbe

TURKMENISTAN

Mary

Bactria

Pamir

N

500 km

Cosmódromo de Baikonur · Kazajstán

El programa espacial soviético nació a principios de los años 1920 del deseo del régimen comunista de hacerse un nombre mediante avances en la industria. Las investigaciones subsiguientes hicieron que el gobierno tomara conciencia del potencial militar de los cohetes, y se liberaron nuevos fondos para acelerar el desarrollo de esta rama de la industria.

En plena Guerra Fría, la conquista del espacio revestía una importancia particular: más allá de los desafíos técnicos que posibilitaba, su objetivo declarado era demostrar la superioridad de la ideología a la que servía. En este contexto, cuando los estadounidenses ya habían ganado la carrera a la Luna y la misión Apolo era a su vez un éxito, surgió el proyecto Buran, lanzado por el gobierno soviético en 1974, dos años después de que la NASA anunciara que estaba desarrollando un programa de transbordadores espaciales.

Fue el cosmódromo de Baikonur, construido en los años 50 en Kazajstán, el que acogió todos los vuelos de prueba de los distintos prototipos del Transbordador a lo largo de los años ochenta. Finalmente, el 15 de noviembre de 1988, Baikonur fue también el lugar del lanzamiento del primer y único vuelo del primer modelo Shuttle operativo, el Orbiter K-1 Buran: lanzado por un propulsor Energía, recorrió 84 000 kilómetros en 3 horas y 25 minutos, sin tripulación humana a bordo. Al menos otros cuatro vuelos deberían haber seguido a esta primera victoria, pero la caída del muro de Berlín en 1989, seguida de la desintegración de la URSS en 1991, pusieron fin al programa Buran, oficialmente abandonado en 1993.

El Orbiter K-1 Buran quedó destruido el 12 de mayo de 2002 al derrumbarse el techo del hangar que lo albergaba. Sin embargo, el Orbiter K-2 Pitchka, una lanzadera destinada a las siguientes fases del programa que estaba casi terminada cuando éste se interrumpió, todavía puede verse allí, junto con una maqueta de otro prototipo, el Orbiter OK-4M, y el lanzador Energía.

KAZAKHSTAN
Almaty
Bishkek
Shymkent
UZBEKISTAN
Tashkent
KYRGYZSTAN
Bukhara
Samarkand
Kashgar
TAJIKISTAN
Dushanbe
TURKMENISTAN
CHINA
Mary
Bactria
Pamir
Kabul
AFGHANISTAN
Islamabad
Uch Sharif
PAKISTAN
New Delhi
IRAN
INDIA
N
500 km

Tumba de Bibi Jawindi · Pakistán

La tumba de Bibi Jawindi, situada en Uch Sarif, en el sur del Punyab, es uno de los monumentos más espectaculares de la región. Uch, que se dice fue fundada por Alejandro Magno, tiene fama de ser la cuna de la «cultura de los santuarios». Incluida en la lista indicativa del Patrimonio Mundial de la UNESCO, la tumba fue construida en 1493 por un príncipe iraní, Dilshad, para Bibi Jawindi, bisnieta de un famoso santo sufí.

El edificio principal, del que sólo se conserva la mitad, está ricamente decorado por dentro y por fuera: madera tallada, loza de colores, delicados ornamentos e inscripciones islámicas pueden admirarse aún en el mausoleo, con su soberbia cúpula, y en su recinto, destruido en gran parte. Alrededor hay numerosos relieves en el suelo, que corresponden simplemente a tumbas cementadas. El estado de deterioro del lugar se explica en gran parte por las duras condiciones climáticas de la zona: las inundaciones torrenciales de 1817 arrasaron la mitad de la estructura de la tumba y parte del recinto.

Se han emprendido medidas de conservación, sobre todo en 1999 por iniciativa del Centro de Conservación y Rehabilitación de Pakistán, que invitó a varios organismos (entre ellos numerosas organizaciones internacionales) a trabajar para proteger el lugar. Por desgracia, las inundaciones no son el único peligro medioambiental de la región: la humedad, la infiltración de sal y la erosión están haciendo mella poco a poco en el monumento y en los jirones de sus murallas, que siguen desmoronándose, lenta pero inexorablemente.

© Usamashahid433

Gunkanjima · Japón

Hashima, más conocida como Gunkanjima (Isla del acorazado) por su aspecto de buque militar de guerra, esconde tras su enorme muro marítimo una ciudad completamente abandonada.

El carbón se descubrió en Hashima en 1810, pero en realidad la explotación minera no comenzó hasta 1890, cuando Mitsubishi compró la isla. Los trabajadores se instalaron en la isla con sus familias, y en 1959 Hashima tenía algo menos de 8000 habitantes en sus 6,3 hectáreas, la mayor densidad de población del mundo en aquella época. La isla estaba completamente urbanizada con bloques de apartamentos, escuelas, un hospital, gimnasio, cine, tiendas, santuario, salón de pachinko, baños públicos, bares e incluso un burdel.

En 1974, la mina cerró sus puertas definitivamente, en bancarrota por el petróleo, que se había vuelto más barato y fácil de extraer, y sus habitantes abandonaron la isla.

La isla permaneció vacía hasta principios de la década de 2010, cuando se permitió de nuevo el acceso. La isla, que ha servido de escenario cinematográfico o inspiración para varias películas, entre ellas la número 23 de la serie James Bond, Skyfall, e Inception, de Christopher Nolan, es ahora un destino popular para cinéfilos y fotógrafos, así como para turistas en busca de aventuras. La ciudad de Nagasaki, a sólo 5 kilómetros, ofrece visitas oficiales para que los visitantes puedan descubrir una pequeña parte de la «isla fantasma».

Kolmanskop · Namibia

Kolmanskop, un oasis fantasmal construido sobre las ardientes arenas del desierto de Namibia, ofrece una conmovedora visión de los excesos humanos frente a la inquebrantable grandeza de la naturaleza. Antaño, este pueblo era la joya resplandeciente de Namibia, una próspera anomalía que surgía de las áridas dunas, construida sobre un océano de diamantes. Hoy, Kolmanskop es poco más que un recuerdo arenoso, sus edificios colonizados por el polvo dorado del desierto, mudos vestigios de una epopeya minera pasada.

En los albores del siglo XX un ferroviario alemán, August Stauch, descubrió una piedra brillante durante la construcción de la línea férrea que cruzaba el desierto. Este hallazgo fortuito desencadenó una fiebre del diamante, atrayendo a un sinfín de aventureros, mineros y soñadores a este remoto rincón de África. Kolmanskop nació rápidamente de esta efervescencia, alzándose orgulloso contra la desolada inmensidad del desierto. En pocos años, el pueblo presumía de lujos incongruentes en medio de la nada: un casino, un salón de baile, un teatro y un hospital equipado con una máquina de rayos X, la primera de este tipo en África. Las casas, construidas en estilo germánico, con sus fachadas ornamentadas y tejados puntiagudos, eran refugios de comodidad para los colonos. El agua, traída con grandes gastos desde el puerto de Lüderitz, regaba exuberantes jardines verdes que contrastaban con las dunas de arena roja de los alrededores. Pero la fortuna de Kolmanskop estaba estrechamente ligada a la de sus minas.

Al agotarse los yacimientos, la codicia de la gente se dirigió hacia otras tierras más prometedoras, y el pueblo empezó a decaer. La minería se fue abandonando poco a poco y los habitantes se marcharon, llevándose consigo los recuerdos de una prosperidad deslumbrante pero efímera. Hoy, Kolmanskop es un vivo recuerdo de aquella grandeza pasada. Las casas, cubiertas de arena, parecen hundirse lentamente en las entrañas del desierto, como si quisieran volver a fundirse con el paisaje original. El viento, cómplice silencioso del tiempo, arrastra granos de polvo a través de las ventanas abiertas, cubriendo los suelos con cortinas doradas. Los muebles, dejados en su sitio, apenas emergen de este mar de arena, restos de una época en la que la vida estaba en pleno apogeo.

Pasear por las calles arenosas de Kolmanskop es cruzar una frontera invisible entre el presente y el pasado. Cada edificio cuenta una historia, la historia de hombres y mujeres que vinieron a buscar fortuna y encontraron, durante un tiempo, una semblanza del paraíso en el corazón del desierto. El salón de baile, antaño resonante con los ecos de suntuosas fiestas, ahora está en silencio, sus paredes agrietadas por la sal y el tiempo. El teatro, testigo mudo de obras representadas ante un público conquistado, ofrece su escenario a las arenas movedizas. El desierto, paciente e implacable, reclama lentamente sus derechos, enterrando Kolmanskop bajo una capa cada vez más gruesa de su manto dorado. Y sin embargo, hay una belleza en esta ruina, una majestuosa melancolía que habla de la fugacidad de la gloria humana frente a la eternidad de la naturaleza. Kolmanskop es una lección de humildad, un recordatorio conmovedor de que la riqueza y la prosperidad son espejismos, efímeros como olas de arena al viento. Al contemplar los restos de este pueblo, es inevitable reflexionar sobre la tenacidad del espíritu humano, capaz de construir maravillas incluso en los lugares más inverosímiles. Pero también sobre su fragilidad, porque ante la inmensidad del desierto, Kolmanskop no fue más que una breve ilusión, una burbuja de vida que estallaba al menor soplo de tiempo.

San Martín de los Tigres · Isla del Tigre, Angola

La isla del Tigre, situada en la provincia de Namib, es la mayor de Angola, con 98 km². Antiguamente era una península que bordeaba una amplia bahía, donde se encontraba el pueblo pesquero de San Martín de los Tigres (Sao Martinho dos Tigres).

Fundada en 1860, la localidad iba a servir de modelo para poblar una de las regiones más inhóspitas del país: el desierto del Namib. Con el fin de convertirlo en un centro demográfico y económico de primer orden, el gobierno colonial portugués seleccionó a un gran número de habitantes de la provincia del Algarve, cuya experiencia en la pesca marítima sería una valiosa baza, para fundar el pueblo e instalar las primeras infraestructuras necesarias. De hecho, Saint-Martin des Tigres se desarrolló con éxito: gracias a la producción de aceite de pescado y todos sus derivados, el pueblo fue considerado el mayor centro pesquero de Angola a principios del siglo XX. Sin embargo, se llevó la peor parte del incidente climático que azotó la bahía en 1962: olas muy altas la barrieron, rompiendo el istmo que unía la península con el continente.

Como consecuencia, la península se convirtió en una isla especialmente inhóspita: el suministro de agua, alimentos y artículos de primera necesidad se vio más que comprometido.

© Aurélien Villette

Entre 1975 y 1976 gran parte de la población, que a pesar de todo se había adaptado a las drásticas condiciones de vida, decidió abandonar la aldea: la guerra civil que asolaba el país hizo que los habitantes, en su mayoría de origen europeo, temieran las represalias de los diversos movimientos nacionalistas que barrían el país. Desde entonces, el pueblo no ha vuelto a ser habitado, a pesar de varios intentos del gobierno angoleño de lanzar nuevas oleadas migratorias en los años ochenta y noventa.

En 1996, el gobierno nombró un administrador municipal para Saint-Martin des Tigres, señalando su intención de rehabilitar el pueblo y convertirlo de nuevo en un próspero puerto pesquero. La Unión Europea prestó su apoyo al proyecto, que, casi 30 años después, sigue sin despegar.

Hoy en día, la isla está ocupada principalmente por focas y turistas, que llegan en coche o a pie cuando la isla se hace accesible por carretera con la marea baja. Estos últimos acuden para estremecerse ante la visión de la ciudad fantasma y disfrutar de la belleza del paisaje, entre la costa sumida en una niebla misteriosa y las dunas de arena roja, cuyo color y relieve que recuerdan el pelaje de un tigre han dado nombre a la isla.

Aeródromo de Meknes · Marruecos

Si quieres viajar a Marruecos, no busques un vuelo a Meknes: nunca ha habido un aeropuerto civil en Meknes. El único aeropuerto de la ciudad es militar y está situado casi en pleno centro.

A finales de los años 40, para remediar la falta de aeropuerto, las ciudades de Fez y Meknes intentaron ponerse de acuerdo sobre un terreno en el que construir un aeropuerto conjunto. Desgraciadamente, las negociaciones se prolongaron y, justo cuando las dos ciudades estaban a punto de lograr el acuerdo, Fez cambió de opinión y anunció el inicio de la construcción de su propio aeropuerto.

Meknes se vio obligada a empezar a buscar un terreno en el que construir su aeropuerto. En 1950, se identificó un nuevo emplazamiento en medio de viñedos a 12 kilómetros de la ciudad, pero problemas con el terreno impidieron este segundo proyecto. Aún quedaba una tercera opción, esta vez 14 kilómetros al sur. El terreno era más accidentado y requería grandes movimientos de tierra. No obstante, las primeras licitaciones para el futuro aeropuerto se aprobaron a finales de aquel año.

Mientras los edificios avanzaban según lo previsto, el movimiento de tierras se empantanaba. En 1952, una huelga de trabajadores retrasó aún más el proyecto. En 1953, el general de las fuerzas aéreas marroquíes fue en persona a inspeccionar las obras, que seguían experimentando contratiempos. Después, se hizo el silencio, no se supo más. No existen registros del historial de servicio del aeropuerto, pero todo apunta a que nunca se utilizó... y probablemente ni siquiera llegara a terminarse.

Más de setenta años después, el emplazamiento sigue ahí, abandonado. Mientras que el hangar de aviones se ha convertido en un edificio agrícola, la terminal permanece prácticamente intacta. Aún se distinguen la sala de embarque y los mostradores. La torre de control da a una pista de 2500 metros de largo que nunca ha visto un avión, pero donde a las ovejas les gusta pastar.

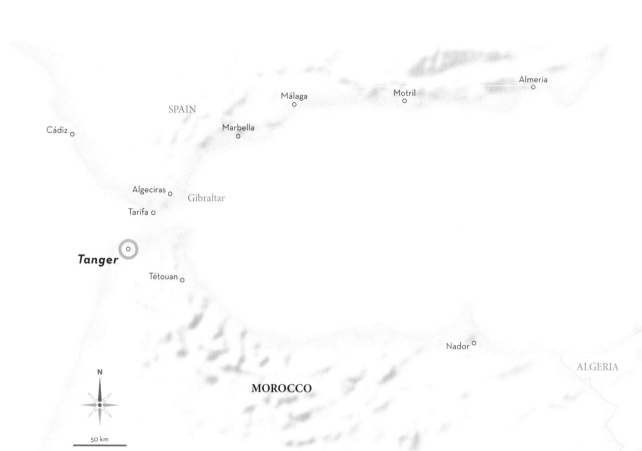

Cine Cervantes · Tánger, Marruecos

Fue en 1911 cuando un matrimonio de emigrantes españoles, Manuel Peña y doña Esperanza Orellana, iniciaron la construcción del Cervantes. Las obras duraron dos años y el teatro se inauguró en 1913. Con un aforo de 919 localidades, el arquitecto Diego Jiménez Armstrong, que ya había diseñado varios edificios en Tánger, creó una obra maestra del «art nouveau», uno de los primeros edificios de hormigón armado de su época y uno de los teatros más grandes, si no el más grande, del norte de África.

El Cervantes es el edificio más español de Marruecos. Los materiales utilizados, los artesanos, todo es español en esta proeza artística y arquitectónica, cuyo propósito era llevar la cultura ibérica a una ciudad ocupada también por franceses e ingleses. El programa también debía mostrar la cultura española. Se trajeron artistas españoles a un alto coste.

Pero el Cervantes pronto resultó demasiado caro. Las dificultades financieras de este ambicioso proyecto se hicieron patentes durante la Primera Guerra Mundial. Por miedo a ver caer el Gran Teatro en manos extranjeras, Manuel Peña se resignó a cederlo al Estado español en 1924. A su vez, España no supo qué hacer con el Cervantes. Lo alquiló a operadores más preocupados por sus intereses a corto plazo que por el mantenimiento de un edificio que empezaba a deteriorarse.

En 1936, la Guerra Civil no ayudó, ya que la comunidad española se encontró dividida y desgarrada. Pero fue sobre todo la desaparición progresiva del público español lo que selló el destino del Cervantes. Al final de su existencia, el teatro llegó a utilizarse como cuadrilátero para combates de boxeo y lucha libre. El Cervantes se clausuró en 1962 y permaneció dormido durante décadas, deteriorándose lentamente. Alquilado al Estado marroquí de 1972 a 1992 por el simbólico precio de 1 dirham, sus puertas permanecieron cerradas.

Fue finalmente en vísperas de su centenario cuando se despertó un renovado interés por el Cervantes. En 2007 fue clasificado como Patrimonio Nacional y en 2015 el Gobierno español lo cedió a Marruecos con la promesa de restaurarlo y convertirlo en un centro cultural. Quizá el Cervantes se disponga por fin a pasar una nueva página de su historia.

Hammam al-Nouri · Trípoli, Líbano

El hammam al-Nouri se construyó en 1333 a petición del gobernador mameluco Nur El-Din, y está cerca de la Mezquita Mayor. Todavía se conserva en buen estado, pero como sus fachadas están cubiertas de escaparates modernos, es muy difícil encontrar la entrada. Los vestuarios y la sala caliente, conocida como tepidarium, se construyeron a menor escala que los demás baños de la ciudad. No obstante, la sala de vapor es grande y está rodeada de una serie de baños privados en alcobas.

El interior está decorado con losas de mármol multicolor, pilas y fuentes, y desde el exterior se ve un grupo de cúpulas perforadas con agujeros de luz y redondeles de cristal azul y verde.

El hammam al-Nouri, único en su género, cerró en la década de 1970. Aunque es evidente que necesita ser restaurado, el tiempo y el abandono le han añadido un encanto especial y una belleza en bruto. Como una cueva histórica, cuenta la historia de ocho siglos de efervescente humanidad.

ACERCA DE EDITORIAL JONGLEZ

Fue en septiembre de 1995, en Peshawar, Paquistán, a 20 kilómetros de las zonas tribales que visitaría días más tarde, cuando a Thomas Jonglez se le ocurrió poner sobre el papel los rincones secretos que conocía en París. Durante aquel viaje de siete meses desde Pequín hasta París, atraviesa, entre otros países, el Tíbet (en el que entra clandestinamente, escondido bajo unas mantas en un autobús nocturno), Irán, Irak y Kurdistán, pero sin subirse nunca a un avión: en barco, en autostop, en bici, a caballo, a pie, en tren o en bus, llega a París justo a tiempo para celebrar la Navidad en familia.

De regreso a su ciudad natal, pasa dos fantásticos años paseando por casi todas las calles de París para escribir, con un amigo, su primera guía sobre los secretos de la capital. Después, trabaja durante siete años en la industria siderúrgica hasta que su pasión por el descubrimiento vuelve a despertar. En 2005 funda su editorial y en 2006 se marcha a vivir a Venecia. En 2013 viaja, en busca de nuevas aventuras, con su mujer y sus tres hijos durante seis meses de Venecia a Brasil haciendo paradas en Corea del Norte, Micronesia, Islas Salomón, Isla de Pascua, Perú y Bolivia. Después de siete años en Rio de Janeiro, vive ahora en Berlín con su mujer y sus tres hijos.

La editorial Jonglez publica libros en nueve idiomas y en 40 países.

CRÉDITOS

FOTOS

- **Sylvain Margaine:** Central Twelve Monkeys, Iglesia de San Jorge, Buzludja (pág. 140-141).
- **Terence Abela:** Edificios abandonados en La Habana, Castillo Sharovsky, Palacio de la Cultura Lenin, Pueblo abandonado de Prypiat, Estación de Hunedoara, Universidad Politécnica de Gyumri, Funicular de Tiflis, Tskhaltoubo (pág. 152-153), Tumba de Bibi Jawindi (pág. 162-163), San Martín de los Tigres (pág. 176).
- **Matt Emmett:** Depósitos subterráneos en Londres, La estación de bombeo de Crossness (excepto pág. 24-25), Wilders Folly, Royal Aircraft Establishment, Roca Fort Stack, Estación de comunicaciones de la OTAN, Torre de refrigeración.
- **Peter Scrimshaw:** La estación de bombeo de Crossness(pág. 24-25).
- **Francis Meslet:** Spa Alla Italia, École des Demoiselles, Castillo Déluge, Castillo de la Chance, MIG Top Grunge, Intercambio comercial, Terre rouge, Cripta, siglo XIX.
- **Robin Brinaert:** Aerotrains «Made in France», Teatro de Dole, Central eléctrica de Crespi d'Adda, Palacio Atenea, Castello Non Plus Ultra.
- **Jeremy Chamot Rossi:** La cementera de la cúpula.
- **Aurélien Villette:** Estadio de Sant'Elia, Vestuarios de la mina Hugo 2, Central eléctrica de Vockerode, VEB Kraftwerk, Kolmanskop, Saint-Martin des Tigres (pág. 175 y 177).
- **Roman Robroek:** La central eléctrica de Kelenföld, El casino de Constanza, Buzludja (excepto pág. 140-141), Tskhaltoubo (excepto pág. 152-153).
- **Jonk:** Cosmódromo de Baikonur
- **Jordy Meow:** Gunkanjima.
- **François Beaurain:** Aeródromo de Meknes, Cine Cervantes.
- **James Kerwin:** Hammam al-Nouri.
- **Usamashahid433:** Tumba de Bibi Jawindi (pág. 161)

Textos

- **David Margaine:** Central Twelve Monkeys, Vestuarios de la mina Hugo 2, Iglesia de San Jorge.
- **Matt Emmett:** Depósitos subterráneos en Londres, Wilders Folly, Royal Aircraft Establishment, Roca Fort Stack, Estación de comunicaciones de la OTAN, Torre de refrigeración.
- **Rachel Howard:** La estación de bombeo de Crossness.
- **Francis Meslet:** Spa Alla Italia, École des Demoiselles, Castillo Déluge, Castillo de la Chance, MIG Top Grunge, Intercambio comercial, Terre rouge, Kolmanskop.
- **Jeremy Chamot Rossi:** La cementera de la cúpula.
- **Frédérique Villemur:** Cripta, siglo XIX.
- **Robin Brinaert:** Aerotrains «Made in France», Teatro de Dole, Central eléctrica de Crespi d'Adda, Palacio Atenea, Castello Non Plus Ultra.
- **Aurélien Villette:** Central eléctrica de Vockerode, VEB Kraftwerk.
- **Roman Robroek:** La central eléctrica de Kelenföld, El casino de Constanza, Buzludja, Tskhaltoubo.
- **Jonk:** Cosmódromo de Baikonur.
- **Jordy Meow:** Gunkanjima.
- **François Beaurain:** Aeródromo de Meknes, Cine Cervantes.
- **James Kerwin:** Hammam al-Nouri.

Guías insólitas y secretas

Síganos en Facebook, Instagram y X

Cartografía: **Cyrille Suss** - Diseño y maquetación: **Emmanuelle Willard Toulemonde** -
Corrección de estilo: **Carmen Moya** - Revisión de estilo: **Lourdes Pozo** - Edición: **Clémence Mathé**

Foto de portada: © **Matt Emmett**

© JONGLEZ 2024
Depósito legal: Octubre 2024 - Edición: 01
ISBN: 978-2-36195-780-3
Impreso en Eslovaquia por Polygraf